AF316538

RÉPUBLIQUE FRANÇAISE

MINISTÈRE DE L'INTÉRIEUR

Vᵉ CONGRÈS PÉNITENTIAIRE

INTERNATIONAL

(Paris - 1895)

PREMIÈRE SECTION

Législation pénale

RAPPORT SUR LA 4ᵉ QUESTION

Par M. H. PASCAUD,

Conseiller à la Cour d'appel de Chambéry.

MELUN

IMPRIMERIE ADMINISTRATIVE

1895

M. H. Pascaud, conseiller à la Cour d'appel de Chambéry.

La victime du délit est-elle suffisamment armée par les lois modernes à l'effet d'obtenir l'indemnité qui peut lui être due par le délinquant ?

La victime du délit, et nous devons prendre ce mot dans sa signification large d'infraction à la loi pénale, commise avec une intention coupable, est-elle suffisamment armée à l'effet d'obtenir l'indemnité qui peut lui être due par le délinquant ? C'est là une question de la plus haute importance pour la sécurité sociale. Si la personne lésée par un fait délictueux ne peut être assurée d'avoir une réparation équitable du préjudice qui en est résulté pour elle, elle ne manquera pas de se faire justice elle-même et de se livrer bien souvent à l'encontre du délinquant aux représailles, aux voies de fait, aux attentats que lui inspirera le sentiment de la violation de ses droits et du tort qu'elle a injustement subi. Qu'importera à la victime du délit qu'une répression même énergique intervenue contre l'auteur de l'acte coupable ait donné satisfaction à l'ordre public ? Ce n'est pas de ces considérations d'intérêt social, mais de ses intérêts privés que la plupart du temps elle se préoccupera. Le délinquant lui a causé un préjudice personnel ; la société ne lui donne pas les moyens nécessaires pour être indemnisée ; elle n'a plus qu'à poursuivre elle-même la réparation à laquelle elle prétend et à tirer vengeance de toutes les façons possibles de l'acte qui lui a nui. De là ces violences, ces délits de rétorsion, si l'on peut s'exprimer ainsi, dont souvent nos civilisations vieillies sont les témoins attristés, comme l'étaient à leur aurore les sociétés en formation. Mais ce qui dans ce dernier cas était en quelque sorte fatal quand il n'existait ni pouvoir central, ni force publique, ni police régulièrement organisée, ne saurait être admissible aujourd'hui, si l'on ne veut pas revenir à un état de sauvagerie dont nos mœurs actuelles, malgré le vernis qui les recouvre, portent encore maintes fois la marque originelle.

Sachons donc obvier à un mal dont la gravité se révèle chaque jour aux regards les moins attentifs. Le délit ne lèse pas seulement l'intérêt public, il porte aussi atteinte à l'intérêt privé. Cet intérêt a droit à une réparation ; voyons donc si notre législation a pris toutes les mesures nécessaires pour la lui procurer, et, en cas de négative, indiquons les moyens de nature à combler, d'après nous, cette regrettable lacune.

Aux termes de notre Code d'instruction criminelle, l'action en réparation du dommage causé par une contravention, par un délit ou par un crime (nous devons employer ici la terminologie française), peut être exercée par tous ceux qui ont souffert de ce dommage, ou contre le prévenu ou contre ses représentants, soit devant les tribunaux répressifs, concurremment avec les poursuites du ministère public, soit séparément devant la juridiction civile. A n'envisager que la généralité de cette disposition, il semble que tous les droits, tous les intérêts des victimes de faits dommageables sont suffisamment sauvegardés. Si cependant on entre dans les détails d'application, dans l'examen des textes qui paralysent ou restreignent plus ou moins l'effet du principe, on est forcé de reconnaître qu'au moins en ce qui concerne l'action civile portée devant la juridiction criminelle, les moyens que le législateur a mis à la disposition de la partie lésée pour obtenir la légitime indemnité qui peut lui être due sont trop souvent insuffisants et inefficaces.

Disons-le de suite pour n'y plus revenir, devant les tribunaux civils il n'en est pas ainsi. Celui qui est fondé à se plaindre d'un fait contraventionnel, délictueux ou criminel, a toutes les garanties légales d'obtenir justice. A-t-il les moyens pécuniaires indispensables pour intenter son action ? Du moment qu'il administrera la preuve des actes préjudiciables qu'il invoque à l'appui de sa demande, il arrivera à se faire allouer des dommages-intérêts. Est-il, au contraire, indigent ? L'assistance judiciaire lui permettra de faire valoir tous ses droits avec la même ampleur et les mêmes chances de succès que s'il avait choisi lui-même les hommes d'affaires appelés à diriger ses intérêts.

Assurément, c'est déjà quelque chose de considérable, en pareille matière, que d'avoir des garanties satisfaisantes au civil. Il ne faut pas s'y tromper toutefois ; l'importance de ces garanties est bien plus grande devant la justice criminelle. Outre que le juge civil n'ayant généralement pas sous les yeux la physionomie vivante et concrète des débats pour apprécier l'étendue du préjudice, sera peut-être disposé à envisager la demande en dommages-intérêts plus *in abstracto* que d'une manière réellement exacte et pratique, ce qui peut être un danger, il est incontestable que l'intérêt général souffre des errements actuels de notre procédure criminelle concernant la partie lésée. L'ordre social n'est-il donc pas intéressé à ce qu'on ne multiplie pas gratuitement les procès ? Or, c'est précisément à quoi l'on aboutit en ne donnant pas à la personne victime d'un préjudice les mêmes facilités pour faire valoir ses droits au criminel que devant les tribunaux civils. Il résulte de cet état de choses, qu'après une première instance engagée par le ministère public devant la juridiction répressive, sur la plainte de la partie lésée, une deuxième instance doit être suivie par celle-ci devant la juridiction civile pour obtenir une réparation. De là un gaspillage de temps et d'argent, un double emploi et un abus de frais que l'on aurait la possibilité d'éviter si la personne qui a subi le dommage pouvait en être aisément indemnisée au criminel. Mais cette voie est trop simple pour qu'on la suive, et l'on semble vraiment avoir créé à plaisir les obstacles sur les pas de l'individu lésé qui forme une demande en dommages-intérêts devant les tribunaux de répression. Il nous sera facile de le démontrer en examinant successivement les diverses hypothèses où les crimes, délits et contraventions peuvent donner lieu à réparation.

Un particulier porte plainte au ministère public au sujet d'un vol, de coups et blessures sérieux, de destruction ou de dommages à sa propriété mobilière. L'affaire est l'objet de poursuites, et la victime qui a les moyens pécuniaires requis pour le faire, se constitue partie civile par voie d'intervention, à l'effet d'être indemnisée du préjudice qu'elle a subi. Une condamnation, tant à une peine qu'à des dommages-intérêts, est prononcée. La partie lésée a donc gain de cause, elle triomphe dans son action ; elle devrait par conséquent toucher son indemnité si le délinquant est en mesure de l'acquitter, sans être obligée de satisfaire à d'autres exigences de la loi. Voilà ce que commandent l'équité et la justice sainement comprises. Eh bien ! il n'en sera rien, la victime sera tenue de payer les frais d'un procès dans lequel elle a obtenu une réparation, ce qui en diminuera notablement le quantum s'il ne l'annihile pas complètement. Si étrange que soit ce résultat, il n'en est pas moins légal. La juridiction répressive, tout en allouant à la partie civile des dommages-intérêts, a dû mettre les dépens à sa charge, sauf son recours contre le condamné et les personnes civilement responsables s'il y en a, et ce en vertu des dispositions de l'article 157 du tarif criminel du 18 juin 1811. Au grand criminel du moins, devant les cours d'assises, la partie civile n'est condamnée aux frais que lorsqu'elle succombe (art. 168 du Code d'instruction criminelle). Pourquoi n'en est-il pas de même devant les juridictions de simple police et de police correctionnelle? Nul ne saurait le dire; les principes de la justice ne sauraient cependant varier selon la nature des tribunaux chargés de les appliquer, et ce qui est une iniquité dans les sphères pénales élevées ne devrait pas être couvert en bas par une légalité fondée exclusivement sur l'omnipotence de l'État. La nécessité d'une réforme sur ce point s'impose donc si l'on ne veut pas fermer l'accès des juridictions inférieures aux demandes en indemnité les mieux justifiées.

Nous avons raisonné pour le cas où la partie lésée a les moyens pécuniaires voulus pour intenter son action. Qu'adviendra-t-il si elle est dans l'indigence? Il semble qu'on pourrait lui accorder le bénéfice de l'assistance judiciaire, ou tout au moins une de ces désignations d'avocat d'office que prévoit pour les prévenus l'article 29 de la loi du 22 janvier 1851. Mais non, le législateur ne l'a pas entendu ainsi, pour les motifs fort discutables qu'énonce le rapporteur : « Rien n'est plus facile à la partie civile, dit-il, que de trouver un avocat ou un avoué qui lui rende bénévolement le service de poser des conclusions pour elle. La plaidoirie de l'avocat de la partie civile est, en général, de peu d'utilité.

« Enfin, si une personne lésée par un crime ou par un délit, n'a pas obtenu réparation devant la justice criminelle ou correctionnelle, elle peut, après la condamnation de l'auteur du crime ou du délit, intenter une action devant une juridiction civile, et si elle est indigente, obtenir l'assistance en raison de cette action. »

Sans doute, son droit ne périt pas, mais les conditions mises à l'exercice de son action sont plus compliquées et d'un effet moins prompt. Il lui faut recommencer un procès, alors qu'il serait si

simple et si peu coûteux de statuer sur ses intérêts civils en même temps que sur la poursuite correctionnelle. Dans un autre
ordre d'idées, si la question est délicate, si, d'après les prévisions,
les dommages-intérêts qu'il s'agit d'obtenir sont peu considérables,
on ne trouvera pas, aussi aisément que l'imaginait le rapporteur,
un avocat ou un avoué disposé à prêter gratuitement un concours
utile à la personne lésée. La plaidoirie, enfin, est de nature à édifier
les juges, tant sur les besoins de la victime que sur les ressources
de l'auteur du fait dommageable. Donc, il y a lieu de réclamer
une modification de la loi de 1851 dans l'intérêt de la partie civile
indigente.

Nous avons supposé ci-dessus que la plainte de la partie lésée
serait accueillie par le procureur de la République. Plaçons-nous
maintenant dans l'éventualité d'un refus qui amènerait son clas-
sement soit pour défaut de gravité, soit pour tout autre motif, et
recherchons quels seraient, étant donnée cette situation nou-
velle, les droits du plaignant.

Il est incontestable qu'en général le parquet est souverain
appréciateur du mérite et de l'opportunité des poursuites qu'on
lui demande. L'exercice de l'action publique lui a été exclusivement attribué par notre droit criminel ; une influence extérieure
quelconque ne saurait en principe le contraindre à en user malgré
lui sans porter atteinte à l'indépendance que la loi lui reconnaît en
droit et qui en fait est indispensable à la bonne administration de
la justice. Comprend-on le rôle étrange que rempliraient les procureurs de la République s'ils devaient accueillir obligatoirement
toutes les plaintes même les plus futiles et les moins fondées, que
leur apporteraient la légèreté, là haine, l'animosité des parties ?
Ce serait à déconsidérer la justice, sans préjudice du tort que, de
ce chef, subiraient les intérêts du Trésor. Une seule exception est
apportée à cette règle : les Cours d'appel, en vertu de l'article 11 de
la loi du 20 avril 1810, ont le droit, toutes chambres assemblées,
d'entendre les dénonciations des crimes ou délits qui seraient
faites par un de leurs membres, et d'enjoindre au procureur général d'exercer des poursuites à raison de ces faits. On comprend
parfaitement que des garanties contre l'omnipotence des parquets
puissent être nécessaires, mais, établies pour des circonstances d'une
gravité considérable, elles devront rarement fonctionner, et jamais

aucune injonction de poursuivre ne sera faite lorsqu'il s'agira de ces menus délits qui comme la diffamation, les coups et blessures ordinaires, intéressent à un si haut degré les parties civiles.

Est-ce à dire qu'en cette occurrence et dans les autres cas où il aura subi un préjudice par suite de la perpétration d'un délit ou d'une contravention, le plaignant se trouvera désarmé en face du refus du ministère public ? Non, la loi n'a pas voulu que ses droits fussent mis en péril par l'inaction de la partie publique plus préoccupée de l'intérêt de l'ordre social que des faits délictueux ou contraventionnels qui peuvent nuire aux particuliers. Elle confère donc à l'individu lésé la faculté de mettre lui-même l'action publique en mouvement ; il peut saisir le tribunal par une citation directe (art. 145 et 182 du Code d'instruction criminelle), et cela sans avoir à consulter le ministère public sur le mérite de sa plainte, et alors même que celui-ci aurait refusé de poursuivre antérieurement. C'est là pour les victimes d'un délit ou d'une contravention une sauvegarde précieuse de leurs droits, une garantie qu'elles pourront obtenir justice et réparation si rien d'ailleurs n'en restreint l'efficacité. Débris de la vieille procédure accusatoire qui a précédé chez nous les poursuites d'office, l'action de la partie civile par voie de citation directe a pour but de suppléer à l'inertie de l'action publique en ce qui touche les intérêts privés lésés par des faits d'une gravité relative, et de remédier à son abstention motivée parfois par des considérations que la personne lésée ne saurait apprécier. Ce droit assure aux petits et aux faibles la protection de la justice en dépit des influences diverses qui pourraient s'efforcer de la leur enlever. Il est donc précieux entre tous et doit être conservé. Sans doute, il a pu donner lieu à plus d'un abus, mais quels sont donc les droits, les libertés qui n'ont pas eu leurs excès en ce monde ? Un peuple libre doit savoir supporter les inconvénients qu'entraînent parfois les prérogatives conférées aux citoyens. On a demandé la suppression de la citation directe, à diverses reprises, en 1845 notamment, et il y a quelques années, dans un projet de loi présenté par M. le sénateur Bozérian (la répression pénale et ses abus). Mais ces propositions n'ont pu prévaloir contre une garantie qu'il faut maintenir intacte parce qu'elle est tout à la fois la sauvegarde des intérêts privés et du principe d'indépendance du ministère public. Qui n'entrevoit, en effet, que,

sans la citation directe, il y aurait nécessité d'investir les tribunaux du droit d'enjoindre les poursuites aux procureurs de la
République, à moins que l'on admît leur omnipotence absolue?
Cette dérogation aux principes serait plus funeste qu'utile. Qu'on
permette à l'individu poursuivi par la partie civile de se faire
représenter et de ne comparaître en personne, quelle que soit la
peine, que si un jugement l'ordonne formellement, qu'on oblige
le tribunal saisi à demander même d'office à l'inculpé s'il réclame
des dommages-intérêts après son acquittement, et les abus de la
citation directe qui ont pu se produire ne tarderont pas à dis-
paraître.

Actuellement, du reste, le droit de citation directe n'est pas sans
comporter des sanctions assez rigoureuses pour enrayer les excès
auxquels il donnerait lieu. La partie civile qui n'est pas indigente
est tenue, en vertu des dispositions du tarif criminel de 1811
(art. 160), de consigner au greffe ou au bureau d'enregistrement
la somme présumée nécessaire pour le paiement des frais de la
procédure qu'elle va suivre. Alors même qu'elle réussit dans son
action, elle doit supporter les dépens, sauf son recours contre le
condamné et les personnes civilement responsables. En cas d'acquittement, elle est passible de dommages-intérêts envers l'individu
indûment cité, aux termes des articles 161 et 191 du Code d'instruction criminelle. Enfin, si la plainte, dénuée de toute justifica-
tion, a été faite méchamment et avec l'intention de nuire, les peines
de la dénonciation calomnieuse sont applicables. Ce doivent être là,
autant qu'il semble, des freins de nature à paralyser l'exercice des
actions téméraires et inconsidérées.

Mais si la partie lésée est dans l'indigence et que le parquet ne
veuille pas poursuivre, elle n'aura d'autre ressource que de se
pourvoir au civil en demandant l'assistance judiciaire. Ne serait-
il pas préférable pour les motifs que nous avons exposés ci-dessus,
pour des raisons de bonne administration de la justice et d'éco-
nomie, qu'elle pût obtenir l'assistance judiciaire devant les tribunaux de simple police ou de police correctionnelle? Nous n'avons
pas à insister de nouveau sur un point que nous avons précé-
demment traité, et, dès lors, la loi du 22 janvier 1851 doit être
complétée en ce sens.

Il ne sera pas sans intérêt, croyons-nous, de relater ici les dispositions de quelques législations étrangères au sujet des garanties que les parties lésées peuvent obtenir au profit de leurs intérêts privés. On verra dans cet exposé quels sont les inconvénients que présentent les restrictions au droit de citation directe, et les difficultés auxquelles on se heurte lorsqu'on est obligé d'adresser des injonctions au ministère public.

L'Allemagne a été plus loin que nous dans la voie de contrainte à l'égard des parquets qui refusent d'accueillir les plaintes. Aux termes des articles 177 et suivants du Code de procédure pénale de 1877, la partie lésée peut, pendant deux semaines à partir du moment où la décision portant qu'il n'est pas donné suite à la plainte lui a été notifiée, se pourvoir devant le supérieur hiérarchique du représentant du ministère public qui l'a rendue, et, si son pourvoi est repoussé, présenter dans le délai d'un mois, à compter de la notification du rejet, requête au tribunal compétent pour statuer sur le fond, à l'effet d'obtenir l'introduction d'une accusation publique.

Ce tribunal peut exiger du plaignant un cautionnement destiné à faire face aux frais de la procédure. Si la requête n'est pas admise, la partie lésée est condamnée aux dépens. Dans le cas contraire, le tribunal prescrit d'intenter l'accusation publique, et le parquet est tenu d'exécuter cette décision. Ce système nous paraît critiquable, car il porte atteinte à l'indépendance du ministère public et au principe de la séparation des pouvoirs judiciaires dans des circonstances nombreuses et à l'occasion de faits dont la gravité ne comporte pas une dérogation à des règles que nous sommes habitués en France à considérer comme fondamentales. Il s'explique, toutefois, dans une certaine mesure par ce que la loi n'ayant accordé à la partie lésée le droit de poursuite directe que très parcimonieusement, les intérêts privés ne doivent pas souffrir d'un tel état de choses.

En Autriche, le Code d'instruction criminelle de 1873 donne à la victime des actes coupables qui ne peuvent être poursuivis que sur sa plainte, le droit de présenter devant le tribunal criminel, en qualité d'accusateur privé, une requête tendant à l'introduction d'une poursuite. Dans toute affaire devant être suivie d'office, la personne lésée peut jusqu'au commencement des débats se joindre à la procédure et se porter partie civile. Les droits qui en résultent pour elle sont considérables. Si le ministère public écarte la plainte soit immédiatement, soit après les constatations préliminaires, elle a la faculté, lorsqu'elle déclare se joindre à la procédure, de requérir une instruction de la Chambre du conseil. Quand la poursuite est abandonnée avant que l'inculpé soit légalement en état d'accusation, la partie civile peut, après la notification de cet abandon, déclarer dans un certain délai qu'elle la reprend. Enfin, si le ministère public renonce à l'accusation avant les débats, ainsi qu'il peut le faire, elle a le droit de la reprendre. Ce sont là des garanties qui ont de la valeur, mais ces reprises d'instance ne présentent-elles pas plus d'inconvénients que l'initiative directe de la partie lésée, quand le parquet abandonne l'accusation ?

En Suisse, dans le canton de Genève, le Code d'instruction pénale de 1884 (art. 170), tout en attribuant l'exercice de l'action publique au procureur général, donne au plaignant un recours contre son refus de poursuite devant la Chambre d'accusation. Il y a là pour les intérêts de la personne lésée un grand avantage, mais il nous paraît que le ministère public n'a pas une suffisante liberté pour agir en conformité de ses attributions.

Il est des cas où, dans notre législation criminelle française, le droit de citation directe ne peut s'exercer.

Lorsqu'il s'agit de délits graves, complexes, d'une instruction difficile, lorsqu'il s'agit d'un crime, en fait d'une part et en droit de l'autre, il est impossible de saisir directement la juridiction répressive. On doit recourir à une information préalable ; si le parquet ne consent pas à la requérir, comment la partie lésée parviendra-t-elle à sauvegarder ses droits ?

Le moyen que le bon sens et la loi indiquent n'est pas d'exercer une contrainte sur l'action du ministère public qui doit toujours demeurer indépendant dans la sphère de ses attributions, mais de conférer à la partie civile le droit de porter sa plainte devant une autre autorité judiciaire, laquelle sera obligée d'agir sous certaines conditions déterminées. C'est précisément le but que se proposent les articles 63, 66 et 70 du Code d'instruction criminelle, et leur texte nous paraît trancher la question sans aucune équivoque. Toute personne qui se prétend lésée par un crime ou par un délit, peut en rendre plainte, et se constituer partie civile devant le juge d'instruction soit du lieu du crime ou du délit, soit du lieu de la résidence du prévenu, soit du lieu où il pourra être trouvé. Saisi de la sorte, ce magistrat communique la plainte au procureur de la République pour être par lui requis ce qu'il appartiendra. D'où pour le ministère public l'obligation de prendre des réquisitions quelconques, même à fin de non-lieu, auxquelles le juge d'instruction n'est pas plus tenu de se conformer en cette circonstance qu'en toute autre. Mais le procureur de la République n'a pas le droit de s'abstenir.

L'action publique a été mise en mouvement par la constitution de la partie civile qui a déposé sa plainte entre les mains du magistrat instructeur ; il ne saurait appartenir au parquet de paralyser cette impulsion par une inertie plus ou moins calculée.

Cette doctrine résulte à l'évidence des travaux préparatoires du Code d'instruction criminelle et du langage de Cambacérès dans la séance du Conseil d'État du 11 juin 1808 (V. Locré, t. XXIV). La grande majorité des criminalistes et la jurisprudence elle-même adoptent cette solution (Montpellier 24 mars 1851, ordonnance des premiers présidents de Bordeaux, de Pau et d'Aix, des 11 août, 15 et 16 novembre 1880, etc.). Toutefois, en dépit des prescriptions formelles et des motifs juridiques qui imposent au ministère public l'obligation de donner ses réquisitions au sujet de la plainte de la partie civile reçue par le juge d'instruction, il est, paraît-il, encore des procureurs de la République qui s'abstiennent de requérir et des juges d'instruction qui n'informent pas parce qu'ils ne sont pas requis. Pour remédier aux inconvénients que produisent ces regrettables abstentions, il serait utile que la loi impartît au parquet un délai de trois jours pour formuler son réquisitoire et édictât expressément que, passé ce délai, le magistrat instructeur devrait informer, qu'il eût ou n'eût pas reçu de réquisitions, sauf à communiquer plus tard la procédure lorsqu'elle serait arrivée à fin.

Mais pour se porter partie civile devant le juge d'instruction, il faut avoir les ressources nécessaires pour supporter les frais de l'information, il faut consigner des fonds dans la mesure requise pour pouvoir les solder.

Dans cette éventualité encore, l'indigent est exposé à voir péricliter ses droits et ses intérêts si l'on ne lui accorde pas l'assistance judiciaire. Il y a lieu, par suite, de réformer en ce sens notre législation sur la matière.

La partie civile a la faculté de former opposition devant la chambre d'accusation à toutes les ordonnances qui font grief à ses intérêts, même à celles de non-lieu (art. 135 du Code d'instruction criminelle). Cela se conçoit parfaitement, car il est manifeste que si elle ne pouvait pas recourir au second degré de la juridiction d'information, l'impulsion par elle donnée à l'action publique qu'elle met en mouvement mais n'exerce pas, serait illusoire et sans efficacité. Si la Chambre d'accusation rend un arrêt sur la compétence, la personne lésée peut se pourvoir en cassation. Mais est-elle également autorisée à attaquer un arrêt admettant une fin de non-recevoir ou portant qu'il n'y a pas lieu à suivre ? Ici la solution est toute différente. Les textes de notre législation criminelle, il faut le reconnaître, ne sont pas favorables à la partie civile, et une jurisprudence constante s'est prononcée contre elle parce que l'article 135, dit-on, édicte une exception au droit commun d'après lequel l'exercice de l'action publique est exclusivement réservé au parquet, et parce que les exceptions sont de droit étroit. Or, qu'est-ce que le pourvoi quand il s'applique à l'action publique, sinon un acte de poursuite de cette action ? Il ne s'agit plus, en effet, de la mettre en mouvement ; les juridictions d'information en ont été saisies, elle a suivi son cours ; il n'est plus question que de continuer les actes sur lesquels elle s'appuie, ce qui, en somme, ne constitue rien autre chose que l'exercice de cette action, exercice qui n'appartient en aucune manière à la partie civile.

Il y a dans cette argumentation quelque chose de vrai en ce qui touche l'application de la loi : c'est qu'en l'absence d'un texte le pourvoi doit être interdit. Il y a ensuite quelque chose de bien subtil en matière de législation : donner l'impulsion à l'action publique, est-ce donc uniquement agir comme partie civile devant le juge d'instruction et la chambre d'accusation ? N'est-ce pas aussi bien continuer le mouvement dont on a pris l'initiative jusqu'à ce qu'un obstacle légal vienne l'enrayer définitivement ? Selon nous, cet obstacle ne peut résulter que de l'épuisement de tous les recours possibles et de l'introduction du pourvoi devant la juridiction supérieure de cassation qui, par cela même qu'elle repoussera ou accueillera les prétentions de la partie civile, dira le dernier mot sur cette mise en mouvement de l'action publique successivement effectuée devant le magistrat instructeur et la Chambre d'accusation. Jusqu'à ce jugement du pourvoi, il n'y a pas de motif sérieux pour arrêter net une impulsion qui doit se poursuivre jusqu'à ce qu'elle ait atteint son but. Ce but, c'est que la mise en mouvement de l'action publique, en tant que dans ses rapports avec l'action civile elle est nécessaire pour l'obtention d'une indemnité, procure dans la limite du possible à la partie lésée les moyens d'avoir une réparation. C'est manifestement ce qui n'aurait pas lieu si l'impulsion donnée était arbitrairement arrêtée avant d'avoir franchi toutes les étapes judiciaires dont elle est susceptible, les recours en cassation comme tous les autres. A peine d'être illogique et de ne concéder à la partie lésée qu'un droit illusoire, la loi doit permettre à celle-ci le pourvoi devant la Cour suprême, car il y a une corrélation nécessaire entre la constatation du fait délictueux ou criminel dont elle se plaint, et l'efficacité de la mise en mouvement de l'action publique. Sans crime et sans délit dûment constatés il n'y a point possibilité d'obtenir une indemnité, et cette faculté d'imprimer une impulsion à l'action publique, dans son intérêt que la loi reconnaît à la partie civile, ne serait donc qu'un leurre et qu'une chimère! Un tel résultat est inadmissible tant que les divers degrés de juridiction n'ont pas été parcourus par la personne lésée, son droit peut être sauvegardé par elle-même, et ce n'est point parce qu'il plaira au ministère public de ne pas se pourvoir en cassation, que ses intérêts devront être anéantis. Ce système est d'autant plus rationnel en l'espèce, que l'exception de chose jugée au criminel pourrait constituer devant les tribunaux civils une fin de non recevoir contre la demande de la partie lésée.

Donc, notre législation doit être modifiée sur ce point, et, par voie de conséquence, l'indigent devra, s'il y a lieu, obtenir la désignation d'un avocat d'office pour soutenir ses intérêts devant la Cour suprême. C'est encore une addition à faire à notre loi d'assistance judiciaire.

Sans doute, cette faculté de pourvoi n'aura pas en toutes circonstances une efficacité pratique considérable. Souvent, en effet, les Chambres d'accusation statuent souverainement sur les faits qu'elles sont appelées à apprécier. Cependant, leurs arrêts encourraient la censure de la Cour suprême s'ils refusaient de faire produire leurs conséquences légales aux faits reconnus constants. Il est aussi des cas où certaines irrégularités substantielles pourraient en entraîner la nullité. Dans ces diverses éventualités, la faculté de se pourvoir sera donc éminemment utile aux parties civiles.

Admettons maintenant que la personne lésée soit parvenue à obtenir des dommages-intérêts. Elle a un titre pour les recouvrer; mais de là à leur recouvrement, il y a souvent la même distance qu'entre la coupe et les lèvres. La loi met à sa disposition tous les modes d'exécution du droit commun, et de plus la contrainte par corps. C'est là sans doute quelque chose, mais ce que veut la partie civile, ce n'est pas le droit trop souvent inefficace de faire enfermer son débiteur après la consignation onéreuse des frais nécessaires pour son entretien en prison, c'est de l'argent net et liquide. Or, s'il y en a, le Trésor commence par l'appréhender pour récupérer les dépens avancés par lui, et, en procédant de la sorte, il est dans son droit, car la loi du 5 septembre 1807 lui confère un privilège sur les meubles et effets mobiliers du condamné et sur ses immeubles sous certaines conditions. Il est donc à craindre que, dans bien des cas, la partie lésée ne puisse recouvrer son indemnité. Que faire pour améliorer une situation qui est assurément digne d'intérêt à tous égards? Il faudrait ou supprimer, en ce qui concerne la partie civile, le privilège du Trésor, ou tout au moins décider que sa créance de dommages-intérêts sera également privilégiée et viendra en concurrence avec la créance de l'État. C'est impossible, dira-t-on, et jamais en aucun pays et à aucune époque on n'a ainsi fait litière des droits et intérêts du Trésor qu'il faut aujourd'hui d'autant plus sauvegarder que notre situation budgétaire nous commande impérieusement de ménager toutes nos ressources.

Rien de plus inexact que de prétendre que la disposition dont nous demandons l'adoption n'a jamais existé. Une loi du 18 germinal an VII consacrait le privilège de la partie civile pour les réparations qu'elle avait obtenues et disposait, dans son article 5, que les indemnités accordées à ceux qui auront souffert un dommage résultant du délit, seront prises sur les biens des condamnés avant les frais adjugés à la République. Cette législation est restée en vigueur pendant quelques années, et l'on n'entrevoit pas quelles raisons de principe pourraient s'opposer à son rétablissement. Toutefois, étant données les difficultés financières qui caractérisent notre époque obérée, nous nous contenterions d'une réforme qui permettrait à la partie civile d'obtenir un privilège en concurrence avec celui du Trésor au prorata de leurs créances respectives.

Telles sont les améliorations que nous réclamons au profit des personnes lésées.

Il n'y a pas à le contester, aujourd'hui les victimes des délits ne jouissent pas, spécialement en France, de garanties suffisantes à l'effet d'obtenir et de recouvrer les indemnités que peuvent leur devoir les délinquants. Cette situation est funeste à tous les points de vue, car elle donne naissance chez les individus ainsi maltraités sous le rapport de leurs intérêts privés, à des sentiments d'animosité et de rancune souvent féconds en représailles, en violences de toutes sortes. Il est temps de remédier à un tel état de choses; nous nous sommes efforcé d'en indiquer les moyens aussi complètement que nous l'avons pu; néanmoins, nous regrettons que les documents nécessaires nous aient fait défaut pour étudier avec plus de soin les dispositions que les législations étrangères ont pu adopter dans cet ordre d'idées. Sauf à tenir compte dans la mesure nécessaire des différences du milieu social et des mœurs, l'exemple des autres nations civilisées n'est-il pas toujours, pour un peuple qui veut réaliser des progrès, une source d'enseignements précieux et d'expériences qui méritent d'être l'objet de son examen?